H. H. Wrocklage | Reise nach B

HHW

Hartmuth H. Wrocklage

Reise nach B

Ein lyrisches Vademecum

Hamburg 2023

2. Auflage 2023

Redaktion und Realisation:
Ralf Uschkereit

Herstellung und Verlag:
BoD - Books on Demand, Norderstedt
ISBN: 978-3-7578-8973-9

Inhalt

Unsere Zustände schreiben wir bald Gott, bald
dem Teufel zu und fehlen ein- wie das andere
mal. In uns selbst liegt das Rätsel, die wir die
Ausgeburt zweier Welten sind.

Goethe. Sprüche in Prosa

Reise nach B

Zur doppelköpfigen Hauptstadt reiste ich
durch Städte wie H. oder P.
Eine eigene Zeit schlug jeder dieser Städte:
Türmte die eine sich auf für die Freiheit,
stand die andere da für preußische Zucht,
während die Hauptstadt ihre Macht verbarg.

Meine Reise indes führte mich weiter
zu Zeit- und Ortschaften anderer Art:
nach Herzsprung zuerst, nach Bitterfeld später
und weiter bis zu den Vorstädten von Eisenberg.
Sie alle: unkartierte Orte in nicht vermessener Zeit
im Niemandsland meiner Seele.

Da lebe ich jetzt, zwiegeteilt,
mit einem Riss quer durch mein Herz.
Und treibe mein Wesen dort wie früher schon,
nun aber zwingt's mich zur Brücke über den Bitterfluss.
Gelingt es mir, die Grenzposten zu überwinden,
kehre ich zurück zu dem, was mein Wesen prägt.

Kehre zurück, immer wieder, zurück
zu meinem Heiligtum: dorthin,
wo einzig die Liebe ihre Höhe gewinnt
und der Schmerz zugleich auf letzte Tiefe trifft,
dorthin, wo inmitten der Zeit
das Herz mir zerspringt.

Teil 1: Herzsprung

Mann im Pantherfell

Ich traf den Mann im Pantherfell
und sah in seine Frauenaugen.
In mir erklang es glockenhell
– nie werden dafür Worte taugen.

Sprache nicht: Musik und Schweigen.
Im Ich-Tod krönt ein Selbst das Sein.
Im Schwerttanz und im Rosenreigen:
Die Liebe widersteht dem Schein.

Wind

Aus dem Wind die Treppe herab
wirst du kommen in mein Kellerverließ.

Meine Brust, eingeschnürt in fiebernde Enge,
wird weiten sich in deinen Armen.

Du wirst da sein,
und mit dir alle Herrlichkeit des Lebens.

Denn du bist ein tiefer, kühler Atemzug,
bist das Pochen unserer Herzen.

Draußen raschelt das Laub ...
der Wind ... es ist nur der Wind.

Dann bist du da

Dann bist du da,
jäh wie ein Windstoß,
der in mein Segel fährt:
Fahrt macht mein Boot.

Worte, ein Gespräch und
die Stille danach.
Du bist ein kleiner nackter Vogel
in meiner Hand.

Mich fliehend aus Furcht,
gefangen zu sein,
zu mir sich flüchtend
in Angst.

Frei, Vogelwesen, bist du
unter meinem Himmel.
Du selbst sollst wählen können
zwischen Wagnis und Flucht.

Nur deshalb darf ich
dich rufen,
und sagen zu dir:
Wenn du willst, komm.

Du und ich

Dein Atem:
Hauch auf meiner Stirn,
kühl wie der Wind.

Deine Stimme:
zärtliche Traurigkeit
im Urgrund des Seins.

Epoché:
den anderen in sich,
sich im andern erkennen.

Gespräch:
Brücken schlagen
über einen fremden Fluss.

Blicke:
sich kreuzende Strahlung
stärker als jedes Wort.

Stromstöße:
deine Lippen
brennen auf meinem Mund.

Frau und Mann

Den Kopf hab ich an deiner Brust geborgen,
ich spüre deine samtne Haut
und höre deinen Herzschlag sorgen,
ein dunkel Lied, herb, fremd-vertraut.

Du siehst mich an und banges Fragen
schleicht sich in deinen Blick:
Wo Liebe ist, da ist kein Zagen;
für mich, für dich gibt's kein Zurück.

Wenn zwiefach Herz zu Herze spricht,
und Seel' und Seele sich durchdringen,
sind zwei Leben eins in einem Brand.

Und Feuer wandelt sich zu Licht.
Es will uns ganz umringen:
dich und mich im eig'nen Land.

Mein Rot

I.

Unter einem Himmel,
der sich vollenden will,
tönt von fern
ein Abendglockenklang.

Derweil schmücke ich
mit Herbstblumen
den Hochaltar
meiner Geliebten.

Zu Füßen
der geflügelten Muse
lege ich nieder
mein Rot.

Weißt du, wie gnadenlos
- ohn' all Erbarmen -
die Schmerzmühle mahlt
in unmöglicher Liebe?

Hier stehe ich,
zur Freiheit geboren,
und trage meinen Unstern
als Minnelied im Herzen.

Verloren auf immer ist,
wer der Liebe
den Aufflug verwehrt
zu anderen Himmeln.

II.

Im Reich ohne Grenzen:
Wer gemahnte meine Geliebte
des Regelwerks
sogenannter Vernunft?

Wer hieß sie
auszumessen die Ewigkeit
mit einem genormten
Zeitmaß?

Wer heftete
die Erdenschwere
an ihre Seele,
dass sie nicht fliege?

Weiß sie, was geschieht,
wenn wir
die Leichtigkeit der Poesie
abstreifen von unseren Flügeln?

Wer das unternimmt,
dem türmt sich tagtäglich
das Unmögliche auf
zu unüberwindlichem Gebirg.

Der lässt zu, dass
heiter-ernste Wortspiele
dem Schweigen verfallen
im brennenden Weißdornbusch.

>>>

III.

Mit den Farben des Lichts
müsst ich mich weißen
bis ich unsichtbar werde
– für sie.

Auf zöge ein viereckiger Mond
über der fremd gewordenen Stadt
im gewohnten Gang
der guten alten Un-Ordnung.

Dass sie.. kaum denkbar.
Und dass dagegen ich?
– Nein, meiner Farbe
bleibe ich treu.

Mit Herbstblumen also
schmücke ich
den Hochaltar
meiner Geliebten.

Zu ihren Füßen
lege ich
nieder
mein Rot.

Unter unvollendetem Himmel
tönen machtvoll die Abendglocken.
Die Anmut ihrer Seele aber
bewahrt mein Gedicht.

Weiße Wolke

I.

Eine große weiße Wolke
stand über dem See
und teilte
den Himmel mit uns.

Urzeitliches geschah uns da.
Ewigkeit trat in die Gegenwart
und dunkler tönte
das hohe Lied der Liebe.

Unter ihre Macht geraten,
überwanden wir die Gewalt
der gesetzten Ordnung in uns
und lebten in eins.

So hoch wuchs diese Freiheit
zu träumen in uns,
dass zwei Leben ein-ander
gewahrten in einer Liebe.

Die Sprache einer anderen
weise waltenden Welt
wiegte uns wider unser Wissen
in wirbelndem Wunder.

>>>

II.

Als wir aus unserem Wachtraum
erwachten,
war die Weißwolke über uns
weitergezogen.

Wie unberührt
lag vor uns
der See
unter nacktem Himmel.

Merlins Kinder aber,
wie gefangen
im Weißdornbusch,
eins dem andern zugehörig,

sich bergend
in seliger Unseligkeit.
– Sag: Priesen wir nicht
die Vollkommenheit unseres Traums?

Unvergänglich für uns
der wissende Blick
unschuldiger Sehnsucht
im Spiegelsee unserer Augen.

Herbst

Draußen wird's Herbst.
Wind klagt über dem Land.
Der Himmel fällt.

Verwaschene Schrift
des Grabmals,
Trauer der Birken.

Blicklos Gesichter und leer
wie Felder, brachliegend
unter dem Wind.

Und doch ist Trost,
dass alles
enden muss.

Ist stolzer Trost
in langen dunklen Nächten
die das Jahr nun bringt.

Krähen

Im Novembernebel
versinken die Türme der Stadt
hinterm See.

Krähen rings.

Von schwarzen Bäumen
fällt schamlos
letztes Laub.

Krähen reglos.

In sich gekehrt
steht eine junge Frau
auf dem Steg am Wasser.

Plötzlich Krähengeschrei.

Inmitten des Lärms
duckt sich die Frau
in ihr flüchtiges Sein.

Enger schließen die Krähen den Ring.

Hinterm See
sinken die Türme der Stadt
in die Vergänglichkeit.

Stille – die Krähen warten.

Schwertlilien

Jenseits der Sprache
weit erst
hinter den Wortschatten
blühen die Schwertlilien
wie blaue Inseln
im Unkrautfeld
– dort erst beginnt das Vorland.

Brächest du auf,
aber der Weg ist weit
und voller Gefahr,
und du bist allein in der Fremde,
und mein Freibrief
schützt dich dort nicht
– weder vor Leid noch vor Tod …

Durchmäßest du also
das Land Vogelfrei und
die sieben Feuerkreise des Himmels,
am Ende des Weges gelangtest du
zu den Traumtürmen im Frühlicht.
Da werde ich warten auf dich
– dort, träfest je du ein, bin ich.

Drachenflug

I.

Wenn du zurückkehrst,
findest du mich
hinter der siebten der schweigenden Säulen.

Dort schütze ich unseren Schatten
oder soll ich sagen: den Traum,
den du mir ließest?

Sorgsam in Buchstaben zerlegt,
berge ich
seinen Namen in mir.

Für den Fall, dass ich falle,
hab ich ihn aufgezeichnet
in anderer Schrift als großes Geheimnis.

Du weißt doch,
dass einer wie ich
mit Herzblut schreibt.

Unterm Runenstein, für andre verborgen,
liegt der Zugang
zu meinem Reich der Poesie.

Du aber wirst ihn nicht verfehlen
im Wachsein nicht
und nicht im Traum.

II.

Willkommen weiß ich zu heißen
die Drachenfrau in dir, die mir
den „Act des Herzens" weissagte,

diesen „Act" mir schenkte
jenseits aller Zwecke
zusammen mit dem geschuldeten „h".

Dir öffne ich nun
mein unterirdisches Heiligtum
heidnischer Liebe.

Tritt ein, Erdgeist,
in den Zauberkreis
lyrischen Lebens.

Dem härtesten aller Steine
wollen wir
glühende Funken entschlagen.

Du weißt doch:
Durch Feuerschläge
entstand die Welt.

Lass dir also den Weg bereiten,
auf dass Licht werde
in der Dunkelkammer unserer Frühzeit.

>>>

III.

Eingeengt in zivilisierten Gegenden:
selbstverloren, wiedergeboren:
wenn nicht wir, wer
wagte den Grenzgang,
in Freiheit
zu leben unterm Nordstern.

Bewusst der verbotenen Landschaft,
abseits zugeteilter Handlungsfelder:
wo, wenn nicht hier,
im Irrgarten der Seelenschluchten,
ist überschreitbar
die Grenze zum Lande Musica.

Im Augenblick des Szenenwechsels:
wann, wenn nicht jetzt,
stünde zur Wahl zu leben
in einem Zelt aus Wind
im Mittelpunkt unserer Welt,
wo Urzeit herrscht.

Du - ich - hier - jetzt:
ausgesetzt im Niemandsland
wachse der Mut uns zu,
das Rätsel unbehausten Seins
enthüllt zu sehn
im Drachenflug gelebter Dichtung.

Böser Tag

Schweigend
bist du gegangen,
fassungslos,
um Fassung ringend,
lässt du mich.

Ein Wort
von dir,
wir ständen gewappnet,
starke Brückenpfeiler
im Strom.

Das Schweigen aber
spannt keinen Bogen:
Zu fremden Bergen
türmt sich auf
die Zeit.

Trennung

Wir lassen uns.
Aus Fügung wird Zufall.
Weißt du, was geschieht?

Zu Boden gestürzt,
zerbrochen ist
das goldschimmernde Glas.

In den Scherben aber
sammelt sich
der Tau des Morgens.

Ein Vogelflug,
ein kühler Friede,
ein Trost vielleicht.

Danach

Du bist wirklich fortgegangen,
lässt mich mit mir allein.
Trauer hält mich eng umfangen.
Sie kerkert tief mich ein.

Die Liebe unseres Lebens,
die fest uns einst umfasst,
ist sie so ganz vergebens?
– Die Farben sind verblasst.

Bitter war die letzte Zigarette,
sie hat nicht mehr geschmeckt.
Wer hält denn schon die Wette,
wenn alles sich verzweckt.

Was wird von uns wohl bleiben?
Nur Feuer, Rauch und Asche?
Die Zeit, sie wird uns treiben.
Wer zwingt den Ungeist in die Flasche?

Niemand kann's: Ich geh' daran zu Grund.
In den Stiefeln will ich sterben.
Doch werd' ich grau und alt und wund:
ein tapfres Lied will ich vererben.

Geborstenes Glas

Der Spiegel, dessen Glas zersprang,
zerriss auch mein Gesicht,
es gab nur eins, was noch gelang,
zu sehen, wie das Licht

zerbarst, zerfloss, zerrann.
Kein Beifall, als der Vorhang fiel.
In schwarzer Bühnennacht begann
der Mimen stummes, rätselvolles Spiel.

Verstand ich es, ich weiß es nicht,
vorbei der wirre Spuk. Der Morgen kam,
der Tag, der mich gefangen nahm,

und Leben, das mich nun besticht.
Was aus der Nacht geblieben ist,
ist Traurigkeit, die man vergisst.

Im Reich des Schweigens

Im Reich des Schweigens
– du weißt es –
trinke ich
aus dem Strom der Stille
die Erinnerung
an deine Stimme.

Hinter der Hülle der Worte
erspüre ich
im Sprachklang
den Atem deiner Seele:
Komm zu mir, meine Schöne,
und sprich zu mir.

Lass einander
uns schenken,
verschwenden aneinander
die Lichtflut unserer Blicke:
Lass leben uns Herz an Herz
im Lächeln von Stern zu Stern.

Mysterium

Über alles menschliche Maß hinaus
immer wieder, immerdar
wird es ein Wunder sein,
wenn dem in Ungnade und Trotz
angekettet lebenden Dämon
ein Engel wiederkehrt
im Lächeln gütiger Götter.

In diesem Mysterium
aus Himmelsgesetzen,
aus Magie, Mythos
oder aus Metamacht
erkennen wir
den Weg der Erlösung
im Kultus der Kunst.

Kehrt im Lächeln der Götter
dem in Ungnade und Trotz
angekettet lebenden Dämon
ein Engel wieder,
ist jenseits von Zeit- und Ortschaften
ein Wunder geschehen
über alles menschliche Maß hinaus.

Du einzig

Du einzig bist mir treu geblieben,
einzig du hast nicht gefehlt.
Ich dagegen hab es frei getrieben,
und habe dabei nichts verhehlt.

Mit Herzschmerz hast du ausgehalten,
was niemand sonst ertragen mag.
die Liebe andrer würde längst erkalten;
die deine blüht auch noch am letzten Tag.

Du hast dich früh für mich entschieden,
du stehst zu mir in Glück und Not.
Nur Lüge bringt dich aus dem Lot.

Und meine Liebe ? Stand hielt sie in allen Tiden,
gleich ob für andre Herzblut ich vergoss:
Du einzig bliebst die Königin im Schloss.

Du bist der Stern

Im allgemeinen Fall
der Zeiten
von All zu All
durch unbekannte Weiten,

bist du der Stern,
der mit mir fällt,
so nah, so fern
von Welt zu Welt.

Im Tanz der Feuermale

Aus dem übervollen Schattenkelch der Nacht
legt sich die Strahlung eines Doppelsterns
auf meine Seele quer zur Achse zwischen
der einen Rose und ihren sieben Schwestern.

Hab' ich noch immer jene and' re Welt zu wiegen?
Ihr Gewicht ward nicht zu schwer für uns?
Zeitlos, unbedingt, wie in Granit gehauen –
bleibt unser Wahrheitswille für uns tragbar noch?

Weit jenseits wandernder Worte auf Papier
blüht auf für uns noch immer das Wesentliche
im Tanz der Feuermale gedeuteter Dichtung:
Wir halten dieses Banner hoch mit aller Kraft.

Und alles jetzt getan? – Mein Körper pulst
im Fadenkreuz leuchtender Schmerzfarben
unter dem Druck seiner eigenen Schwere:
Disziplin genügt nicht. Wir wagen tieferen Grund.

Teil 2: Bitterfeld

Fremde Stadt

Und starrt
die fremde Stadt auch
steinern-totes Leben
in die Nacht,
und hockt im Neonröhrenlicht
das bisschen Glück auch,
diese tränenblinde Frau:
stiere Mauern
schweigen immer noch
die Sehnsucht wach
und Hoffnung harrt,
den Schmerz zu narrn,
ihn in ein Nichts zu senken,
daraus es ein Zurück
nicht gibt.

Die erste Straße schon
karrt all das Heimweh
fort – wohin?
Und wo,
in welchem Irgendwo,
verscharrn die Träume
den Gewinn
aus Trost
und Nichtigkeit?
Dort, hoch über
denHäuserschluchten,
schluchzt der Wind
ins Nirgendwo,
heult in die Nacht,
der weiß wohl wo.

Licht irgendwo

Licht
irgendwo
verloren im Raum.
Licht.
kalt
in das Schweigen geduckt.

Irgendwoher
der Schlag einer Stunde:
Angstvolles Herz.
Einer starrt
in die Nacht:
furchtbar verendende Klage.

Sieht
im Anthrazit
der Fensterscheibe
bleich und hingespuckt
das eigene Antlitz
und er erschrickt.

Wenn später
das Licht
erloschen ist,
liegt draußen
hinter dem Glas
das weite, verlassene Land.

Schlaflos

Schlaflos
unter den Doppelschlägen der Turmuhr
einer tausendjährigen Stadt.

Im Wachtraum bei geöffnetem Herzen
Zeugung und Empfängnis,
Geburt und Tod.

So schließt sich der Ring,
sich selbst durchdringend
im ewigen Kreislauf.

Im Morgengrauen erste Vogelstimmen:
Nachworte, ungeschrieben,
gewinnen Gestalt.

In der Stetigkeit der Bewegung
des freien Falls durch unbewohnte Zeit
fiebre ich nach vorläufiger Zuflucht.

In der Tide der Zeit
von ewig zu ewig
bleibt mir nur dies.

Ins Licht

Ich lebe mit Händen,
die nichts halten,
mit Lippen,
die nicht einmal
zu sagen wissen,
wer ich sei,

und reden dann dahin:
„Ich liebe dich" ?
Worte nur, du weißt es,
leichter Windhauch
über der bleichen Zone
des Schweigens.

Die Türme der Stadt
– versunken in Schutt und Staub.
Verschollen die,
nach denen ich frage.
Kein Echo – nirgendher.
Schweigen rings. Stille.

Niemand mehr da.
Ich bin allein.
Ich spüre nichts mehr.
Nur mein Herz pocht.
Und ich stürze mich ins Licht
wie in ein Schwert.

Von einer unerhörten Liebe

Schenk ihnen allen ihren Traum
von Sonnensegeln, die im Winde schweben.
Entführe sie zum Sternenbaum,
lass höchste Himmelshöhen sie erleben.

Schenk ihnen einen wilden Sturm,
und Träume, die sie längst begruben,
befreie sie aus ihrem Turm:
Madame, Sie lieben den Herzbuben?

Sie wissen doch: Dies ist ein Spiel.
In freier Liebe liegt die höchste Lust,
gebund'nes Sein ist Selbst-Verlust.

Für mich in jedem Fall ist mehr zuviel:
In Ihnen lieb ich alle Frau'n:
Weniger ist mehr: Sie können mir vertrau'n.

Ritva

Ritva, Ritva, tanz für mich.
Tanz deinen schönsten Tanz.
Du tanzt, als gingst du auf den Strich.
Gut so: Ich kauf' dich ganz.

Als Preis nimm diesen Silberring.
Blau schimmert der Topas.
Nimm deine Stimme auf und sing,
dein Trumpf ist das Herzass.

Du weißt: Nicht ist's der Edelstein,
dein Blick an meinem sich verging.
Von heute an bist du nun mein.
Blau sind die Augen, die ich fing.

Notre Dame de Lorette

Springlebendig deiner Augen Spiel,
dem ich in heller Mitternacht verfiel.
Und unterm Lendenschurz verkam
die Zärtlichkeit in weicher Scham.

In meiner Stundenbraut Gekose,
da blühte auf die weiße Rose.
Jetzt ist jetzt, aus ist es morgen:
das kleine Glück – lass uns es borgen.

Lorettodicée

Inmitten des Spiels
und der Leichtigkeit deines Tanzes
liegt, von Bewegung umschlossen,
tief in dir ruhend,
der Grund deiner Trauer.

Dein Schmerz ist dir
wie schwarzes Licht
in die Augen gesenkt:
Noch dein leichtestes Lächeln
trägt eine Spur davon.

Sprich mir von deinem Kummer,
brenn' dich in mein Herz.
Ich weiß ja: Ein jeder Traum
von himmelwärts stürmender Liebe
zerbricht an der Wirklichkeit.

Komm trotzdem mit mir.
Es fließt ein Bach im Felde,
drin sammeln sich alle Tränen;
dort weine dich leer,
ja, weine dich aus.

Will wiegen dich
in Trost und Schlaf
und rüsten dich
für freien Vogelflug
ins weite, weite Land.

One Night Stand

1.

Wir seh'n uns an:
zwecklos jeder Widerstand.

Wir umarmen uns
und geh'n gemeinsam fort.

Ganz gleich bei wem –
wir teilen diese eine Nacht.

„Fucking for Virginity!"
nennt man das heutzutage.

Wir wachen auf
und lächeln uns an.

2.

Keine Angst,
nichts mache ich geltend.

Versprechen musst du mir nichts,
um nichts will ich dich bitten.

Ich träum mich nach Utopia,
zugegeben: lebendigen Leibs.

Will dort, bevor ich sterbe,
die Siebte hören, die Meisterliche.

Lass leben uns für diese kurze Zeit:
Aug' in Aug' im Freistaat unserer Blicke.

Ukrainischer Traum

Im Gartenhaus – dort haben wir gesessen
und deine Wangen glühten feuerkirschenrot.
Nein, niemals werd' ich das vergessen,
denn selbst besessen, leb' ich vom gleichen Brot.

Die Gedanken schweifen in die Ferne,
weit, weit bis zum Grenzland hin,
als zähle nur die Macht der Sterne,
als gäbe sie dem Leben neuen Sinn.

Der eine Blick aus deinem Herzen
– von einer andern Wunde hat er mich geheilt.
Nach diesem Blick nun sehn ich mich in Schmerzen.
Und, siehe, deiner Augen Blick verweilt.

Im alten Leben trennt uns unsre Pflicht.
Von neuem Dasein träum' ich tief.
In Wetterleuchten wandelt sich das Licht.
Und doch wirkt fort, was stark mich rief.

Ganz gleich, wer wen in seinen Armen hält
– das Muss entscheidet, nicht ein Kann.
Je eigen die Haltung, die sich uns entgegenstellt,
sie hält uns unbezwingbar fest in ihrem Bann.

Im allgemeinen Untergang – da könnte es gescheh'n:
zu Staub zerfiele dann das Recht der alten Welt.
Von Zwang befreit, so würden wir uns wiederseh'n.
– Doch Liebe leben auf ganz anderm Feld?

Hinterm Horizont

Hinterm Horizont steht eine Stadt.
Gold strahlt von ihren Türmen.
Und drüber rollt das Sonnenrad.
Der Himmel träumt von Stürmen.

In jener Stadt blüht eine Rose.
Ihr Leuchten färbt den Himmel rot.
Die Kartenfrau warf uns die Lose.
Von Liebe künden sie und – Tod.

Verwehrte Worte

Du, die du Buchstaben sammelst,
in ganzheitlichen Wortgefängnissen,
ausgerechnet du entdeckst in dir
die unbewusste Hauptstadt der Sprache?

Und ich, der ich auf dich schaue,
verloren in der Fremdheit verwehrter Worte,
grad ich seh' dich dir an in deinem Blick?
Und darf dich daher auch bei deinem Namen rufen?

Unbehauste Liebe

Unter Schmerzen in gegenseitiger Prägung
wächst aus Vergangenem Zukünftiges heran:
neues Werden entsteht aus diesem Urgrund.

In der Landschaft des Schweigens
findet die Sehnsucht nach Ganzheit
nur einen Fluchtpunkt: unseren Atem.

Der Atem allein, unser Atem
als Teil des Weltatems
bildet den Mittelpunkt unseres Lebens.

In der Gegenläufigkeit unserer Wesen
entbindet sich der Schrei der Existenz:
aus Liebe und Lust in der Vereinigung.

Aus einem Du im Ich, dem Ich im Du,
in neu gewonnener Einheit,
erwächst ein eignes Lebensgefühl.

Das Einswerden von Körper und Seele
im Selbst beflügelt uns: Im Ineinandersein
entsteht die Gegenwart im Wirklichen.

So auch erklärt sich im Alleinsein
in gegenseitiger seelischen Durchdringung
die nie enden wollende Sehnsucht nach Liebe.

Doch Sicherheiten gibt's hier nicht.
Nirgendwo anders als im Beben des Herzens.
findet Liebe ein Haus als Zuflucht.

Im Schwerefeld

Dir entgegen
  vorbei an der
  schwarz beringten Hand
  heiliger Ordnung.

Durch uns hindurch
  hinaus über die
  Schattenzeiger
  der verhängten Zeitentide.

Mitten hinein
  in die rote Herzgegend
  stolz-wehrhaften Widerspruchs
  im Reiche, sag es, des Rosenlandes.

Da leben wir
  mit trotzig freier Seele
  gegen Politik und Staatsinteresse,
  unwissend, was uns das Schicksal bringt.

Und kämpfen
  du und ich gemeinsam
  unterm Rosenbanner
  im Mahlstrom, siehe, der Blicke.

Begegnen uns immer wieder
  in unsteten Wörtern fremder Sprache,
  fragen, wo und wann wir aufeinandertreffen:
  in Lyrik vielleicht, sicher aber im Schwerefeld.

Zwielichtige Botschaft

Eine Botschaft:
aus dem Land des Schweigens.

Dein Name:
Symbol meiner Hoffnung.

Meine Freiheit ist,
mit dir zu sein.

Niemand sonst:
Nur du und ich und – sie.

Vom Turm

Vom Roten Turm
von ferne grüße ich dich
und in dir ein unvergängliches Licht.
Unerreichbar in meinem Exil
bin ich gebunden an dein Wesen
und deines Wesens Widerschein.

Kaum spürbar noch mein Gewicht,
schwer nur
bin ich mir selbst.
Erst in Distanz gefangen,
wird wahr, was ich dir schwur
bei meiner Liebe.

Verloren in ungewisser Höhe,
hüte ich den Himmel für dich,
indes das Nichts in mir wächst.
Für dich, du Einzige,
die ich erkannte in ihrem Sein,
hege ich das Licht für deine Seele.

Denn für mich, du weißt es,
entbarg sich in dir die hohe Liebe,
lebbar nur in unselig-seliger Sehnsucht.
Manchmal im Traum
leuchten mir deine Augen
– dein Blick: nichts anderes zählt.

Doch unaufhaltsam umwühlt
die Erdschlange das Fundament,
auf dem ich stehe.
Noch aber grüße ich dich
aus himmlischer Ferne
von meinem Turm.

Moriturus te salutat

Aus dem Buchstabenmeer
Wächst die Wortinsel,
daraus das Gebirgsmassiv
eines Satzes.

Bis hinauf in die Eisbläue
des Sprachhimmels
aber ragt die einzige Wahrheit,
für die zu leben sich lohnt.

Trotz aller Vergeblichkeit:
spreche ich hier allein
von meiner Liebe zu dir:
Moriturus te salutat.

Mittag

Wüste ist da,
Sand,
bröckelnder Fels,
eine Sonne,
die nicht untergehen will,
die Mauer,
rot, hitzeglühend.

Da liege ich,
presse
die Angst
an die Steine
und warte,
horche,
warte.

Irgendwann verdeckt
Dunkelheit die Flucht,
Nacht wird sie verbergen.
Doch noch ist es Mittag,
noch schweigt es
Mittag,
noch ...

Über den Sandbänken

Über den Sandbänken
am Südkap
wandert still
der bleiche Silbermond
über den Abendhimmel.

Am äußersten Rand meines Hirns
indes zerbirst eine Sternenwelt,
leuchtet auf
und stürzt ab
in funkelnden Feuerfarben.

Die schwarz gebrannten Steine
zu meinen Füßen
verwandeln sich in Schlangenköpfe.
Ich aber schreite hinweg über sie
und ihre gespaltenen Zungen.

Denn meine Seele
gleicht dem Falken im freien Flug:
scharfflügelig im Wind äugt er,
seiner Beute sicher,
gewiss seines Todes.

Landeplatz für einen Engel

Das Stimmengewirr verebbt.
Am künstlichen Theaterhimmel
verblasst das Sternenzelt.

Auf der Bühne jedoch
markiert die Bodenbeleuchtung
zwei sich kreuzende Lichtstraßen.

Im Kernbereich dieses Kreuzes aus Licht
entsteht hell schimmernd ein Planquadrat
mit doppelt starker Strahlung.

Das ist der Landeplatz für Engel
– gäbe es diese Wesen aus Sternenstaub,
die uns aus Nacht und Nichts erstehen.

In diesem Lichtkreuz
überbrächte von ihnen der eine
die ersehnte Botschaft.

Doch da ist kein Engel
– obwohl im Theater?
Möglich ist alles.

Teil 3: Eisenberg

61

Zarathustra

„Warne es vor mir,
denn ich koste es seinen Schlaf!
Warne es vor mir,
denn ich koste es seine Zufriedenheit!
Warne es vor mir,
denn ich koste es sein seichtes Glück!
Ja, warne das Volk vor mir,
denn ich bringe ihm,
was es am meisten hasst:
„Freiheit durch Wahrhaftigkeit!"

Also rief Zarathustra,
als er zum dritten Male
von seinem Berg
herabgestiegen war
in die Ebene der Zeit.
Da erschraken die Funktionäre
in Regierung und Verwaltung.
Und das Kirchenpatriarchat
lockte die Menschen
mit Weihrauch.

Zarathustra aber lachte darüber.
Er hub an zu reden
von Gedankenfreiheit,
von wehrhaftem Recht und
der Notwendigkeit,
Freiheit und Recht
mit Waffengewalt, ja notfalls
durch Krieg zu verteidigen.
Und dann sagte er sehr gelassen:
„Was ich an der Biene liebe, ist ihr Stich!"

Intrigenwirte

Sie haben ein Lügennetz gesponnen.
– Ja, aus Eigennutz.
Sie wollen die Auflage steigern.
– Aus politischem und aus Profitinteresse.

Sie verdienen an ihrer Meinungsmache.
– Sie schreiben eine populistische Regierung an die Macht.
Sie wollen ihre Null-Toleranz-Politik durchsetzen.
– Primitiv, aber wahr.

Du musst dich wehren.
– Mache ich, so gut es geht.
Pass dich bloß ein wenig an: aus Selbstschutzgründen.
– Ich bin kein Opportunist. Das kann ich nicht.

Dann werden sie dir deinen Ruf ruinieren.
– Dennoch. Denk an Heinrich Bölls Katharina Blum.
Das heißt für dich: Isolation und Kontaktverlust.
– Lieber trage ich das, als zu werden wie sie.

Und unsere Partei, die auch die deine ist?
– Trotz Mediendrucks wird sie siegen, steht sie wie ich.
Aber du kennst sie doch besser.
– Ja, sie werden mich der Presse zum Fraß vorwerfen.

Dann haben sie auch gleich einen Sündenbock.
– Sie vergessen, dass sie selbst sich zu wenig gekümmert haben.
Und unsere Stadtrepublik?
– Die Zeitungszare manipulieren die Normalverbraucher.

Also gibst du auf?
– Im Gegenteil. Ich bleibe bei meinem Programm.
Dann werden dich die eig'nen Leute kippen.
– Mag sein: nicht weil sie bösartig sind, sondern aus Schwäche.

Du bist entschlossen?
– Ich bin entschlossen.
Das ist politischer Selbstmord. Du weißt es.
– Freitod, ja, weil ich immun bin gegen Zeitungszare.

Idealist verfluchter, der du bist; aber ich mag dich.
– Und ich dich auch.
Dann ist es gut, wenigstens zwischen uns beiden.
– Es kann gut für alle werden, wenn sie…

Ich fürchte, da machst du dir Illusionen.
– Nein, ich habe keine, ich weiß, es wird schwer.
Wie auch immer. Du musst da durch.
Ja, kein Intrigenwirt macht mich als Menschen kaputt.

Gewaltherrschaft

Nach schnellem Blick
zurück über die Schulter
fordert die Angst
Recht, Freiheit und Demokratie.

Meine Stimme
aber halt' ich
gewaltsam zurück
– aus guten Gegengründen.

Aktion! Sie allein zählt. Flugblätter!
Spruchbänder an die Brücken:
„Nieder mit den Bonzen!"
„Sprengstoff gegen Politkriminelle!"

*

Vergeblich der Weckruf
zum Widerstand:
Schweigen, nur. Schweigen rings.
Und Verrat.

Und dann aus dem Nichts:
Verhaftung. Standgericht.
Unbestimmtes Urteil.
Sofortige Vollstreckung.

Doch der Kampf
geht weiter.
Jetzt lautlos.
Aus dem Untergrund.

Politische Justiz

Vergeblich der neue Aufruf zum Widerstand.
Zu spät die Warnung.
Verhaftungswellen konzentrisch.
Urteile durch Schnellgerichte.

Die Antwort des Regimes,
ohne zu zögern:
Befehl – Gehorsam:
Schusswaffengebrauch auf offener Straße.

In den Kellern Folter und lautlose Exekution.
Behandschuhte Hände vollstrecken
das Unrecht im Namen des Volkes
wider das Volk.

Die Angst hat irre Augen
und tausend Münder zu schreien
nach Recht und nach Freiheit.
Doch allein die Gegengewalt zählt.

Das Hohe Tor

So gnadenlos hell
brannte es nie,
das Tigerauge des Vollmonds
über dem Hochhaus.

Bösartig, raubtierhaft,
sprungbereit,
seelenfressend
heftet es an mich seinen Blick.

Doch ein schwarzerVorhang
verdeckt die Sehnsucht in mir,
schirmt ab die Trauer, leitet mich
ans Hohe Tor zum Nichts.

Widerstand *

Ein Märchen möcht' ich dir erzählen,
helfen soll es dir zu widersteh'n.
Es handelt von der Wiedergeburt
eines demokratischen Rechtsstaats.

Geboren wurde dieser Mann
in den Zeiten der Verwilderung.
Die Wächter besetzten den Regierungspalast.
Lüge herrschte, Willkür und Gewalt.
Dass einer, wie er, heranwuchs
hinter den Schwertlilienfeldern
am Ende der Gärten,
das merkten die Wächter nicht.

Die Sonne sank am Abendhimmel
als er, der geborene Anführer, hervortrat
aus der wirksamen Stille seiner Netzwerke.
Da erst schraken die Wächter auf.
Er aber setzte ihnen das Recht.
Das ging nicht ohne Kampf.
Seine Mitstreiter standen zu ihm
und mit ihnen das freiheitsdurstige Volk.

Sie schlugen die Wächter im Kampf
und vertrieben die Gesetzesbrecher
aus den Ministerien und ihren
Machtbastionen im ganzen Land.
Kühl wehte von da an
der tiefe Atem wehrhafter Freiheit:
Zurückgekehrt war der Frieden
und – nach Wahlen – ein wahrer Präsident.

Du, dies ist kein Märchen. Es handelt sich
sehr konkret um unsere künftige Geschichte:
um einen Volksaufstand auf Basis des
in der Verfassung verbrieften Widerstandsrechts.

Carrara

Den Staub von Carrara an den Füßen,
Michelangelos Zorn im Kopf
und die Schreie der gequälten Berge,
denen wir Menschen
den weißen Marmor entreißen:

So kommen wir zurück
aus den Mythen der Vorzeit,
steinreich mit dem Wissen der Väter:
„Weg hinauf, hinab - derselbe",
das sagte schon Heraklit.

Arbeit am rauen Stein

Ich schlage den Stein
nicht nach eigenem Bilde,
sondern den Stein,
wie der Stein es will.

Und der Stein
nach seinem inneren Gesetz
lässt sich schlagen
von meiner Hand.

Aus dem Stein
entbirgt sich sein Kern:
in eins wachsen heran
Inhalt und Form.

So lebe ich:
dem Widerstand entgegen,
zu werden ich selbst,
zu sein meinem Wesen gemäß.

Textbausteine

Du siehst, aus Texten Funken sprüh'n,
siehst sie sekundenschnell verglüh'n,
siehst Wahrheit sich vergeblich müh'n,
die Lüge überall erblüh'n:
in Schwarz und Rot, in Blau und Grün.

Mahnen dich nicht die guten alten Sitten?
Blick doch auf die, die im Widerstand litten!
Mit Textbausteinen, die schon abgeritten,
fliehst du dein Selbst, die Mitte aller Mitten.
„Halt! Steh zu dir selbst! Lass dich nicht bitten!"

Objekt einer Ausstellung

Versunken
in mir
stehe ich
in einer Installation.
In einem langsamen Erwachen
– wie nach einer Tieftraumphase –
nehme ich einen Schallpegel wahr:
Stimmen, die deutlicher werden.
Eine Gruppe von Besuchern
steht um mich herum.
„Der sieht aber echt aus“,
sagt eine Frau.
Sie halten mich
für ein Artefakt,
für einen Gegenstand,
zum Kunstwerk gehörig.

Ich bewege mich nicht.
Schaue in den Raum,
bis sie weitergegangen sind
nach langer Betrachtung.
Plötzlich weiß ich,
was ich längst schon
hätte wissen müssen
aus verlorener Liebe:
dass Tod auch heißt,
für andere
nicht mehr da zu sein,
nicht zu sein.
Ich erlebe
die Vorwegnahme
eines Kälteschocks
im Vorhof des Atemlosen.

Das Verlorene Wort

Du hast das Wort,
das zuletzt lebendig war,
im Schweigen
der Gefolterten,
hast das Verlorene Wort
nicht mehr gefunden,
weder bei den Machthabern
noch bei den Weisen.

Und auch hier am Ufer des Stroms,
wo nur noch wenige Menschen hausen,
findest du nicht,
was du suchst.
Mag sein, dass es
den Strom hinab hinterm Meer
in Runen gehauen steht,
doch dahin führt dich kein Weg.

Kein Kapitän ist bereit,
mit dir in See zu stechen:
„Verlorenes Wort?
Was soll das sein?"
Aber ich gebe nicht auf.
Baue mir selbst ein Schiff.
Misslingt die Fahrt,
wird es gescheh'n sein um mich.

Vom Schweigen des Engels

I.

Der Engel schweigt.

Er,
geschaffen und aufgehängt
von Menschenhand,

Er,
abgenommen, eingeschmolzen,
neu erschaffen und wieder aufgehängt,

Er,
der gehängte Engel,
der Hängende,

Er,
Abbild menschlichen Irrens:
Er schweigt.

Aber Er findet seinen Propheten.

II:

Der Engel schweigt.

Auch Er
als Schwebender
verharrt in unnahbarem Schweigen.

>>>

Doch könnte es sein,
dass du ihm deine Stimme
geliehen hast,

dass du entschlüsselt hast
mit deinen Worten
das Schweigen des Schwebenden,

dass du also gesprochen hast
an seiner statt zu dir, zu mir
vom unsterblichen Sein.

III.

Der Engel schweigt.

Doch du hast geredet für ihn,
den Schwebenden,
wahrlich an seiner statt;

hast gesprochen für diesen
blicklosen, inwendig leuchtenden
Engel im Feuer.

Du hast Worte gefunden zugleich
für dich, den Suchenden,
und für mich, den Irrenden.

Von ihm, von dir und mir
hast du gesprochen
zu ihm, zu dir und mir.

Im Vorlicht möglicher Erkenntnis
wächst so die Frage heran,
was es auf sich habe

mit unserer Freiheit,
mit der Unsterblichkeit der Seele,
und mit der Existenz Gottes.

In atmender Stille ist die Rede
vom – Schweigen.
Und da, in diesem Schweigen erst,

tun sich auf die schweren Mauern,
menschlichen Erkenntniswillens, öffnen sich
für ein von fern her schimmerndes Licht.

In mystischer Seinserfahrung
entsteht in Raum und Zeit
die Anmutung von Sinn.

Denn siehe, nicht der Engel allein
entstammt göttlichem Feuer:
Jedes werdende Selbst folgt gleichem Gesetz.

Aus großer Ferne wirkt jenes Licht,
selbst in des Menschen Seele
auch jenseits von Glaubensgewissheit und Zweifel.

So offenbart sich
der Anfang und das Ende der Welt,
das unteilbare Sein oder ein tröstliches Nichts.

Der, hörte ich sagen,
wird des Einsseins innewerden,
des' Seele geht auf in solcher Innenschau.   >>>

IV.

Doch was, fragt der Zweifel,
wenn es anders ist,
wenn alles ganz anders ist,

wenn beim Übertritt
über die magische Grenze
die Unvordenklichkeit einfällt,

in apokalyptischer Schlangengestalt
das Ander-Gestirn
aufsteigt am Himmel?

Was, wenn statt unserer Sonne
ein Schwarzer Stern sich enthüllt
als Vorbote ewiger Nacht?

Oder die dunkle Materie
sich zeigt,
gar die Vorherrschaft gewinnt?

Für das wissende Auge von Propheten
war dies schon immer erkennbar
im Niedergang unserer Ewigkeitssymbole.

Im Einsturz, zum Beispiel,
des Turmes von Babylon
oder – als Formel Null –

im leeren Raum über dem Staub
von Ground Zero
in Manhattan, New York.

Was, wenn
sinnlos wird
jede Theodizee?

Wenn das Meisterwort
verloren geht für immer
in Leere,

in jener absoluten Leere,
die kein Nichts
von Etwas ist?

Der Engel schweigt,
bleibt sprachlos für des Menschen Maß,
lässt mich allein,

mich und die kleine Freischar
meiner unbekannten Brüder
in der Ukraine oder in Palästina und Israel

oder anderswo im Weltreich
der Toleranz – immer bedroht
durch Ignoranz und Machtwille aller Art.

So gehe ich ohne Hochmut
weiter auf eigenem Weg,
auf mich gestellt im Kampf.

Helfend und heilend,
soweit ich's vermag,
in inniger Liebe, zumindest in Solidarität
– dem unbeschützten Leben zugetan.

Unterm Geläut

Unterm Glockengeläut
einer hohen Zeit
schenk dich hin
in deiner Ganzheit.

Schenk dich hin
im Klange der Windharfe
unter den Silberpappeln
am Wegrand.

Und vergiss nicht,
dich zu verschenken
unten am Fluss:
in der Stunde des Todesengels.

Krebsstation

Ob sich für mich das Leben lohne,
erwarte nicht, dass ich dich schone:
- die Frage ist der reine Hohn:
mein Kopf ist jetzt die Krebsstation.

Ich wohne in der Sterbezone.
Auch wenn ich mich jetzt selber klone,
ist das nur reines Scheinverhalten:
Es bliebe alles doch beim Alten.

Inkurabel heißt die Diagnose.
Zu sterben ist jetzt meine Chose.
Lauft nicht weg, ihr lieben Leute,
bitte, danke, nur noch heute.

Ausgeschöpft ist jede Therapie.
Unmöglich Remission: es geht ums Wie.
Nur noch um humanes Sterben:
Hab bloß verlor'ne Hoffnung zu vererben.

Noch atme ich und atme tief;
vorbei jedoch die Zeit, in der ich ruhig schlief:
Mein blindes Auge muss nach innen wachen.
Das andre Auge hab ich noch zum Lachen.

Dabei kann ich nur auf Wunder hoffen.
Spontane Heilung – dafür bin ich offen.
Ihr seht, trotz allem denk ich positiv.
Doch ruft es mich von innen, ruft mich tief.

Schmerzensbruder

Ich habe dich begleitet
an jenen dunklen Fluss,
wo Stille sich bereitet
und wo man scheiden muss.

Geschwollen der Leib, bleich das Gesicht,
ein Atem, der noch um sich ringt.
Ein letzter Hauch – wie ein Verzicht:
ein and'rer Fährmann dich jetzt bringt.

Zuvor hast du mich noch gefragt,
ob alles du erledigt hast.
„Getan ist alles", habe ich gesagt,
„die Welt gerettet, getragen die Last".

Harte Arbeit ist der Tod.
Ich spür' ihn aus Näh' :
Ein Schmerzensbruder in der Not,
zu dem auch ich einst geh'.

Todesstunde

In dieser Stunde stand ich in der Stille,
zart küsst' ich deine Stirn, schloss dir die Lider.
Tapferkeit – im Todeskampf jedoch erlosch der Wille.
Und nie mehr, nie mehr kehrt dein Atem wieder.

Ein Schluchzen steigt mir in die Kehle,
obwohl das Sterben ist vollbracht.
Es ist als fehle mir die Seele
nach diesem Schmerzensweg der Nacht.

Noch kann ich bei dir sein, noch Nähe geben,
in Liebe dich bei deinem Namen nennen.
– Da öffnet sich die Tür. Es ruft das Leben.
„Wag es! Tu's!" hast du gesagt – ich will' s bekennen.

Trauerarbeit

Es weint in mir seit diesem Sterben.
Verletzt verweigert sich mein Herz.
Das alte Leben liegt in Scherben,
das neue ist der alte Schmerz.

Sein ist Schein und nichts als Schein.
Ich will mich nicht belügen.
Die Wahrheit ist: Ich bin allein.
Muss mich mit mir begnügen.

Fortgehen

Ein letzter Gang, ein letzter Gruß
von mir, der ich jetzt fortgeh'n muss,
nicht nur mal so – für alle Zeit.
Es schmerzt, doch tu' ich mir nicht leid.

Gelebt hab ich ein freies Leben.
Genommen hab' ich, hab' gegeben:
unendlich viel an Lachen und an Liebeslust,
doch fand mich auch das Leid und Alltagsfrust.

Ein paar Meriten hab ich angehäuft.
In eigenen Fehlern sie ersäuft.
Gehobelt hab' ich viele Mal'.
Und Späne gab's in großer Zahl.

Lüge, Unrecht – zugrunde ging ich dran.
Dreimal neu geboren, fing ich von vorne an.
Mein Weg führt weg von allem Schein.
Ich stehe fest im eig'nen Sein.

Ein ewiges Gesetz gilt uns auf Erden:
Du lebst, dann muss gestorben werden.
Blau ist der Himmel, die Liebe rot,
Tod ist Leben, Leben Tod.

Welt ohne mich

Beginne mir vorzustellen,
was aus ihr werden wird,
der Welt ohne mich.

Auf den ersten Blick
wird sie sein,
was sie immer war:

Ein Stern
kreisend im All
irgendwo.

Und zeitweise Heimat
für alle, die ich liebte,
für Frauen, Kinder und für mich.

Ein Zuhause auch für meine Eltern,
Geschwister, Blutsverwandte,
die selbst mir Heimat wurden.

In ihnen lebe ich weiter:
ein kurzes Stück Unsterblichkeit
– und das ist viel.

Danach wird die Welt
noch lange
um die Sonne kreisen.

Die Menschen werden bleiben,
wie sie sind:
grausam in ihrer Schwäche.

Selbst dann noch unbelehrbar,
wenn sie hinter aller Religion
die Realität erkennen werden.

Wenn die mahlende Mühle
im Getriebe des Weltalls
sich an die Erde macht.

Und kein Gott
Einhalt
gebietet.

Ein Liebesgedicht

Ein Haus,
einsam auf weitem Feld.
Kein Licht,
nirgends.
Waldinseln stumm
im Nebelmeer.
Unsichtbar
der Himmel.

Der Erde Schwere
haftet an mir.
Dein Blick
wandte sich ab.
Ich sehe dich
nicht mehr.
Im Niedergang der Sterne
schreite ich aus.

Wider Willen
bleiben Spuren zurück
wie immer
bei einer Suche.
Aber heute weiß ich
zu finden das Nichts
– wo immer und
in welcher Gestalt auch.

Falls im Fall des Falles
mein Fehlen du merkst,
folge mir nicht,
sondern lebe dein Leben.
Denn nur mehr
von ferne
weiß zu schützen
meine Liebe dich.